MW01029976

LA MEDICINA DE DIOS

Por Kenneth E. Hagin

Hijo mío, está atento a mis palabras,
Inclina tu oído a mis razones.
No se aparten de tus ojos;
Guárdalas en medio de tu corazón;
Porque son vida a los que las hallan;
Y medicina a todo su cuerpo.
(Proverbios 4:20-22)

La última frase de esta Escritura Bíblica nos dice que la Palabra de Dios es *medicina* para todo nuestro cuerpo. Dios está interesado en sanarnos si estamos enfermos. También está interesado en mantenernos sanos. Dios ha provisto Su medicina para nuestra sanidad y para nuestra salud: Su Palabra.

¿Qué incluye esta provisión? ¿Cuáles son nuestros derechos? ¿Qué es lo que en realidad nos pertenece en cuanto a sanidad física y salud se refiere? ¿Cómo podemos asegurarnos con exactitud de lo que se nos ha garantizado? Solamente hay una forma: El estudio constante, cuidadoso, diligente, reverente, y en oración de la Palabra de Dios.

Yo nací enfermo. Nunca tuve una niñez normal. Nunca corrí o jugué como los demás niños. Nunca tuve una buena noche de descanso. Nunca gocé de un día de buena salud hasta llegar a los diez y siete años de edad. De niño, y más tarde de joven, me sentaba y miraba alrededor de mí, sorprendido y admirado de las cosas que los niños normales podían hacer. Mi mayor deseo era el gozar de buena salud.

A la edad de quince años, me vi obligado a permanecer en cama. Fue en este lecho de enfermedad donde permanecí durante diez y seis meses que me di cuenta que si había algún remedio para mí tendría que ser en la Biblia, tendría que ser en Dios. No podría venir de ninguna otra fuente; ya que la ciencia médica me había dado por incurable y los médicos no podían hacer nada más. Tuve que llegar hasta el mismo punto de muerte antes de hacer lo que le recomiendo a Ud. que haga — Acuda a la Palabra de Dios de una forma constante, cuidadosa, diligente, reverente, y en oración, y descubra lo que la Palabra de Dios tiene que decir acerca de este asunto.

Casi esperé demasiado tiempo. Si mi condición no me hubiera ofrecido el tiempo necesario, supongo que me hubiera ido para la eternidad. Sin embargo, ya que mi condición empeoraba lentamente, tuve tiempo para estudiar un poco y descubrir lo que Dios decía con respecto a este asunto. ¿Sabe por qué? A veces tenemos que desaprender, olvidar ciertas enseñanzas antes de poder aprender y aceptar otras. Nuestra mente ha sido nublada y llena de un montón de ideas erróneas.

Cada vez que encontraba una buena promesa en la Palabra de Dios, el diablo me decía, "Eso le pertenece solamente a los judíos", o "Eso no es para la gente de hoy en día". Yo no sabía si era cierto o no. Me vi obligado a escudriñar las Escrituras hasta poder encontrar una porción bíblica que me satisfaciera, que me probara el hecho de que me pertenecía a mí. Tal es nuestro texto: *"Hijo mío,* está atento a mis palabras . . ." La Palabra de Dios no le pertenece solamente a los judíos. ¡Gracias a Dios, Su Palabra pertenece a todo Su pueblo!

Capítulo 2

INSTRUCCIONES PARA TOMAR LA PALABRA DE DIOS

Supongamos que Ud. va al médico y él le da una receta que dice, "Tome dos cápsulas tres veces al día, antes de las comidas". Si quiere que la medicina le haga efecto, tiene que seguir las instrucciones al pie de la letra.

¿Sabía Ud. que Dios da instrucciones para tomar su receta? El nos receta Su Palabra para nuestra salud. El nos dice, "Mis Palabras son *vida* a los que las hallan, y *medicina* a todo su cuerpo" (Proverbios 4:20-22).

La medicina, incluso en la vida normal, no le beneficiara a no ser que la tome. Ud. podría ir al médico y él darle una receta. Podría llegar a casa y colocar la medicina encima de la cómoda, o incluso en la mesa de noche. Podría empeorarse y llamar al doctor diciendo, "No comprendo, he comprado la medicina que Ud. me recetó, he pagado por ella, pero me estoy empeorando".

El doctor le preguntaría, "¿La está tomando de acuerdo a las instrucciones?" "Bueno, no, pero la tengo aquí mismo en el frasco al lado de la cama". El hecho de que la medicina esté a su lado, no significa que le vaya a hacer ningún efecto. Es necesario que la tome. Del mismo modo, la Medicina de Dios no le beneficiará por el simple hecho de tenerla en la mesa de noche. La Palabra de Dios no le beneficiará por el hecho de tenerla encima de la cómoda, ni le beneficiará por el hecho de leerla. Tampoco le beneficiará por el hecho de memorizar ciertos versículos de la Palabra de Dios, ni por el hecho de decir, "¡Creo en la Inspiración Divina de la Biblia!"

¡La única forma en que la Palabra de Dios le beneficiará, será al formar parte de su ser, de su corazón, de su espíritu! Esto no sucederá simplemente leyendo y olvidando Su Palabra; más, meditando en ella, pensado en ella, alimentándose de ella, hasta que llegue a ser parte de su ser interior, de su propio ser.

La Medicina de Dios es Su Palabra, y a continuación le ofrecemos las instrucciones para tomarla.

1. *Hijo mío, está atento a mis palabras* . . .

¿Qué nos quiere decir con, "está atento a mis palabras?" Supongamos que me encuentro con un amigo en el Centro, y le llamo mientras él camina apresuradamente, "¡Espera un momento, quiero hablar contigo!" "Oh no, hermano Hagin, no puedo hablar ahora. Tengo una cita al final de la calle y ya llevo diez minutos de retraso. Tengo que atender este asunto . . ." El no quiere ser desatento conmigo, ni está enfadado. El me aprecia. Le gustaría hablar conmigo, disfrutar de mi compañía; sin embargo, hay algo que tiene que atender primero y prestar su completa atención.

La doctora en medicina Liliana B. Yeoman, la cuál recibió sanidad divina para sí misma y más tarde dedicó su vida al servicio y a la enseñanza de este tema, dirigía lo que ella llamaba "clases de sanidad" durante el día, mientras llevaba a cabo sus cultos de avivamiento espiritual. Ella escribió en uno de sus libros lo siguiente, "Casi me da enfado en varias ocasiones, ya que cuando estabamos estudiando la Palabra de Dios acerca de un tema tan importante como es la sanidad del cuerpo, me doy cuenta que la gente no presta la menor atención. Se distraen hojeando los himnarios, fijando su vista en el espacio, mirando por la ventana, masticando goma de mascar; y luego, esas mismas personas quieren que ores la oración de fe por ellas. No quieren hacer nada por sí mismas".

Dios quiere que Sus hijos crezcan espiritualmente. El ha provisto los medios mediante los cuales podemos crecer. El Espíritu Santo, a través del apóstol Pedro, dijo, "Desead, como niños recién nacidos, la leche espiritual no adulterada, para que por ella crezcáis" (I Pedro 2:2).

Dios quiere que cada uno de Sus hijos crezca espiritualmente, que desarrolle una vida de oración, que desarrolle una vida de fe hasta que pueda estar firme por sí mismo. Hasta el punto en que deje de ser un bebe espiritual, teniendo que depender de otros para que oren por él a Dios Padre, para que ejercite su fe por él, para que consiga su propia sanidad.

Me preocuparía si no supiera más respecto a la oración y tuviera más fe hoy en día que hacen 30 años. En este día en que vivimos, temería no saber qué me podría suceder. Mas gracias a Dios podemos andar con El, podemos andar con Su Palabra. Su Palabra nos puede llegar a ser más real este año que el año anterior. Podemos aprender a orar hasta el punto en que nuestras oraciones pueden ser más efectivas este año que el año anterior. Nuestra fe

puede ser mayor este año que el año anterior.
Incluso, Dios mismo puede ser más real para
nosotros este año que el año anterior, si hace-
mos lo que El ha dicho, *"Hijo mío, está atento a
mis Palabras . . ."*

*"No sólo de pan vivirá el hombre, sino de
toda palabra que sale de la boca de Dios"* (Mateo
4:4).

Dios dijo, "Está atento a mis Palabras". Eso
significa "Pon mis Palabras en primer lugar".
También significa, "Presta atención a mis Palabras. Desecha todo lo demás y toma mi Palabra".

2. *Inclina tu oído a mis razones . . .*

Dios dijo, "Inclina tus oídos a mis
dichos . . ." Abre tus oídos a lo que Dios tiene
que decir.

Puede que alguien diga, "Pero no lo en-
tiendo". Dios no nos pide que entendamos Su
Palabra, simplemente que la creamos. Puede
que no entendamos el por qué muchos princi-
pios bíblicos funcionan, pero gracias a Dios lo
hacen. Y lo hacen porque creemos.

Desde el punto de vista intelectual no podemos explicar la forma en que somos nacidos de

nuevo al creer en el Señor Jesucristo, recibirle como nuestro Salvador, y confesarle como Señor. Tampoco podemos explicar la forma en que el Espíritu Santo da testimonio a nuestro espíritu de que somos hijos de Dios; sin embargo, gracias a Dios, así es.

No podríamos explicar la forma en que una persona es llena del Espíritu Santo y habla en lenguas; mas, gracias a Dios, es así.

Del mismo modo, no podríamos explicar la forma en que la sanidad divina ocurre; sin embargo, sé que lo que la hace funcionar: ¡La fe! ¡Es fe lo que la hace funcionar!

Este es el motivo por el cual Dios dijo, "Pon mis Palabras en primer lugar. Atiende a mis Palabras. Inclina tu oído a mi Palabra". Ya que, ". . . la fe viene por el oír, y el oír por la Palabra de Dios" (Romanos 10:17).

Cuando la Palabra de Dios entra en su corazón, en su espíritu, la fe se produce automáticamente. No tiene que buscar. No tiene que escudriñar. No requiere esfuerzo por su parte. La fe se produce inconscientemente en su espíritu al aceptar y alimentarse de Su Palabra.

La fe es la llave. Es el secreto. Fe era la clave en las sanidades que Jesús efectuó cuando estaba aquí en la tierra.

Jesús le dijo al centurión, "Ve, y como creiste te sea hecho" (Mateo 8:13). Y en aquella misma hora su criado fue sanado.

Cuando la mujer con el flujo de sangre, tocó su manto, Jesús le dijo, "Hija, tu fe te ha hecho sana, ve en paz, y queda sana de tu azote" (Marcos 5:34).

Jairo vino a Jesús a causa de su hija la cual yacía a punto de muerte. El le rogó a Jesús diciendo, "Ven y pon las manos sobre ella para que sea salva, y vivirá" (Marcos 5:23). Mientras Jesús se dirigía hacia su casa, la mujer con el flujo de sangre vino, tocó su manto y fue sana. Mientras tanto, varios enviados de la casa de Jairo vinieron diciendo, "No molestes más al Maestro. Tu hija está muerta".

¡Qué situación más desperanzada! Sin embargo, Jesús se volvió hacia él y le dijo, "No temas, cree solamente" (Marcos 5:36). ¡No temas — solamente cree! Jesús fue a la casa y la niña fue resucitada y sanada.

Dos ciegos le siguieron desde la casa de Jairo clamando y diciendo, "Hijo de David, ten misericordia de nosotros". Jesús les preguntó, "¿Creéis que puedo hacer esto?" (Mateo 9:28). Ellos respondieron, "Sí, Señor". Entonces El les tocó los ojos diciendo, "De acuerdo con vuestra fe os sea hecho" (Mateo 9:29). Y sus ojos fueron abiertos.

La fe es lo que hace que la sanidad divina funcione. Dios nos has dicho exactamente cómo viene la fe. En Romanos 10:17, El dice, *"La fe viene por el oír..."* Sabemos qué viene. ¿De dónde viene? ¿Cómo viene?... *la fe viene por el oír.* No viene por la vista. No viene por el sentido. Viene por el oír. ¿Y el oír qué?... el oír la Palabra de Dios. Con razón dijo, "Inclina tus oídos a mis dichos". ¡Así es como viene la fe!

Así es como viene la fe para la sanidad. Permítame repetir el versículo 22 del capítulo cuatro de los Proverbios, "Porque (Mis Palabras) son vida a los que las hallan, y medicina a todo su cuerpo".

Nunca pude comprender el motivo por el cual los cristianos, especialmente cristianos llenos del Espíritu Santo, si se enferman — y lo hacen — no toman tiempo para averiguar lo que Dios dice al respecto, ni para atender lo que El dice. En vez de prestar atención a lo que Dios dice, prestan atención a las opiniones de otros.

Uno puede ser muy sincero en su corazón, y a la vez errar en su mente. Mi intención no es el ofender, pero hace mucho tiempo aprendí a no prestar atención a las opiniones de otros respecto a cualquier tema, a no ser que estén basadas en la Palabra de Dios, aunque sean predicadores del Evangelio. Los consejos humanos pueden, en ocasiones, ser piedras de tropiezo espiritualmente hablando.

Dios dijo, "Inclina tu oído a MIS palabras".

Si vamos a escuchar a Dios, debemos cerrar nuestros oídos a otros dichos. Para gozar de las bendiciones de Su Palabra, debemos atender lo que Dios nos dice en la misma. Debemos escuchar lo que El dice respecto a cualquier tema si queremos gozar de las bendiciones que tiene para nosotros. Inclina tu oído . . . Atiende lo que Dios dice . . .

¿Hay algo que El tiene que decirnos con respecto al tema de las enfermedades? Mucho. A continuación le muestro varios ejemplos, y en el capítulo cuatro encontrará más.

Su Palabra dice, "El mismo tomó nuestras enfermedades, y llevó nuestras dolencias" (Mateo 8:17).

Su Palabra dice, "Quien llevó él mismo nuestros pecados en su cuerpo sobre el madero, para que nosotros, estando muertos a los pecados, vivamos a la justicia; y por cuya herida fuisteis sanados" (I Pedro 2:24).

Su Palabra dice, "Como Dios ungió con el Espíritu Santo y con poder a Jesús de Nazaret, y cómo éste anduvo haciendo bienes y sanando a todos los oprimidos por el diablo . . ." (Hechos 10:38).

Aquí vemos que Dios trata a la enfermedad como a una opresión de Satanás.

3. *No se aparten (mis palabras) de tus ojos . . .*

Aquí nos dice que miremos a la vez que escuchamos. ¿Y qué nos dice que escuchemos? A Sus Palabras. ¿A qué nos dice que miremos? A Sus Palabras.

Esto se refiere a la sanidad; ya que El habla de vida, salud y medicina en el versículo siguiente. Así que — encuentre las palabras con referencia a la sanidad y a la salud. Tome la Palabra de Dios y mírela, fije su vista en ella. No la deje apartar de sus ojos. No desvíe la vista de Su Palabra, no deje que Su Palabra se aparte de sus ojos.

Yesa Palabra dice, "Por cuya herida fuisteis sanados". El tiempo del verbo es pasado — fuisteis. Entonces, si esa Palabra no se aparta de sus ojos, Ud. se verá sano. Se verá con aquello que Dios dice que le pertenece, si esa Palabra no se aparta sus ojos.

Si Ud. se ve enfermo, si se ve sin salud, si se ve empeorado, es porque la Palabra de Dios se ha apartado de delante de sus ojos. Está mirando algo diferente y se está viendo a sí mismo de acuerdo con ello.

Nadie me lo dijo. No tuve ninguna enseñanza acerca del tema; sin embargo, es maravillosa la forma en que el Espíritu Santo podía guiarme; era una guía inconsciente. Recuerdo, sin embargo, el punto decisivo en mi propio caso el cual me llevó a recibir la sanidad para mi cuerpo. Ocurrió en el mes de marzo, el duodécimo mes de mi enfermedad, ya que pasé un total de diez y seis meses en cama.

Durante los once meses precedentes me vi muerto. Viví la misma experiencia mil veces, o probablemente diez mil veces. Cuando uno está en cama las veinticuatro horas del día sin nada más que hacer excepto vivir con sus síntomas y sus problemas, se puede pensar mucho. Me vi empeorando, muriendo. Durante la noche, cuando las luces estaban apagadas y todos estaban durmiendo, yo me quedaba solo con mis pensamientos, y muchas veces, noche tras noche, me vi muerto.

Vi mi cuerpo. Vi al director de la funeraria

tomando mi cuerpo y llevándolo a la misma. Los vi preparándolo para el entierro, y poniéndolo en el ataúd. Los vi yendo a la iglesia y rodando el ataúd por el pasillo de la iglesia. Vi al pastor detrás del púlpito, oí sus palabras y los himnos que cantaron. Los vi yendo por última vez y mirar dentro del ataúd, yo fui con ellos a mirar también — era yo. Vi mi cara fría y pálida. Me vi muerto.

Los vi rodando el ataúd para fuera, y vi a los portadores del féretro poniéndolo en el coche fúnebre. Los vi conduciendo por la Autopista 75 y dirigiéndose hacia el Cementerio Forrest Grove. Pude ver la sepultura recién cavada, y los vi dirigiéndose hacia el terreno perteneciente a la familia y allí colocar el ataúd con flores alrededor, y dar los últimos ritos. Vi a mi familia y amistades marchándose, entrando en sus coches y volviendo a sus casas. Vi al ataúd descendiendo en la sepultura. Oí los terrones cayendo sobre la tapa, y los vi llenando la fosa de tierra, amontonándola y poniendo flores encima. Vi esas flores marchitar y morir hasta desaparecer. Vi la tumba en el viejo cementerio. Me vi muerto.

Vi las hojas de los árboles marchitar y morir hasta el punto de aparecer despojados. Vi la lluvia y el frío, incluso la nieve del invierno. Vi la primavera llegar y oí a los pájaros cantar. Vi el sol del verano golpear la sepultura. Me vi muerto.

Pero en cierto momento, y recuerdo que fue después de leer esta porción de las Escrituras, "No se aparten de tus ojos", supe que esto funcionaría en mí. No lo podía comprender. No había oído a nadie predicar acerca de ello. Simplemente tenía diez y seis años, era un muchacho; más, sabía que era la Palabra de Dios, y que El dijo, "Mis Palabras son medicina, son salud para todo tu cuerpo". ¡Y eso significa desde la punta de la cabeza hasta las plantas de los pies! También sabía que cinco doctores me habían dicho que no podían hacer nada, que debía morir. Sin embargo — ¡Yo empecé a verme sano!

Me pregunté a mí mismo, "¿Qué estaría haciendo si estuviera sano?" Contesté, "Estaría predicando"; entonces dije, "Dame lápiz y papel". Empecé a preparar sermones. Más tarde solamente prediqué uno de ellos, los demás no se podían predicar; sin embargo, acabé llenando una caja de sermones. Me vi sano.

¿Se da cuenta a lo que me refiero? No deje

que Sus Palabras se aparten de delante de sus ojos.

¿Por qué? ¡Porque son vida! . . . ¡Son vida!

4. *Guárdalas en medio de tu corazón.*
Esto quiere decir en el mismo centro de su ser, en su espíritu, en su hombre interior. El Salmista dijo, "En mi corazón he guardado tus dichos, para no pecar contra ti" (Salmo 119:11). En el capítulo 3 les daré un ejemplo para que vean cómo hacerlo.

Ahora bien — ¿cuáles son los resultados? A Dios gracias Su Palabra produce resultados. ¿Cuáles son los resultados de seguir estas instrucciones?

Los Resultados: *Porque son vida a los que las hallan, y medicina a todo su cuerpo.*

¡Yo lo creo! En el lecho de enfermedad, siendo un muchacho bautista, escribí con tinta roja en la primera página de mi Biblia: *Mi lema — La Biblia lo dice, yo lo creo. Eso es suficiente para mí.*

Cuando leo la Biblia, es la Palabra de Dios, por lo tanto la creo. Ya está resuelto. No hay más que discutir. Ya que la Biblia lo dice, Sus Palabras son medicina, son salud para todo nuestro cuerpo.

Alguien me preguntó, "¿Hermano Hagin, usted no se enferma?" "No". "Bueno, pero Ud. sabe a lo que me refiero". (¡Y este hombre era un predicador del Evangelio, lleno del Espíritu Santo, y oraba por los enfermos!) El me dijo, "Le diré lo que yo tomo que me ayuda mucho". Y así, me dio un discurso acerca de lo que tomaba — para seguir funcionando — y para poder predicar el Evangelio de Sanidad. Luego me preguntó, "¿Qué toma Ud.?" Yo le dije, "Yo tomo lo que predico. Si no funciona en mí, no sé comó podría funcionar en otros". "Sí, ¿pero no se encuentra un tanto débil y cansado de vez en cuando?" "No muy a menudo", le conteste. "Bueno, si se siente un tanto enfermo, ¿qué hace?" Le dije, "Simplemente doblo la medicina, tomo una dosis doble de mi lectura bíblica. ¡Produce milagros!"

Capítulo 3

LA MEDICINA DE DIOS DEBE SER APLICADA DESDE EL CORAZON

La Medicina de Dios, tal y como todas Sus provisiones, por ejemplo, la salvación, debe ser creía y aplicada desde el corazón, el espíritu.

Lo siguiente es lo que sucede a menudo. Muchos leen ciertas promesas, incluso pueden recitarlas, tratando de actuar de acuerdo con ellas sin haberlas recibido en su espíritu.

Yo siempre sigo el modelo siguiente. Hay algunos problemas por los cuales no oro enseguida. Por ejemplo, en marzo de 1952, me encontraba en una reunión en Tejas. Patricia, nuestra hija, era pequeña en aquel tiempo. Se le había desarrollado un quiste, no era un orzuelo, sino un quiste de cierto tipo que le creció cerca de un ojo. Antes de marcharme de casa para dirijirme a la reunión en Tejas, había impuesto las manos sobre ella y orado; sin embargo, cuando mi esposa me escribió aquel lunes, el quiste aún no había desaparecido.

Ella me escribió, "Patricia quiere saber qué decirle a la enfermera cuando venga a revisarla el próximo lunes".

Una vez al mes, una enfermera iba por todas las Escuelas Públicas examinado los ojos, los oídos, etc. de los alumnos. Patricia sabía que cuando la enfermera descubriera el quiste, preguntaría si le habíamos llevado al médico; lo cual no habíamos hecho. Así que, todo lo que Patricia quería saber era qué decirle a la enfermera.

Recibí la carta el martes, sabiendo que aún quedaba tiempo para contestar su pregunta. Para que mi atención no estuviera dividida, dejé el asunto a un lado hasta después del culto de la noche. Aquella noche al volver al hotel, escuché las noticias desde las 10:00 hasta las 10:15. Apague el radio, y a las 10:15 cogí mi Biblia y me dije a mí mismo, "Voy a leer la Biblia por el espacio de una hora acerca del tema de la sanidad".

Me atrevería a decir que hubiera podido recitar un 90% de todos los versículos bíblicos acerca de la sanidad; los tenía todos subrayados en mi Biblia. No obstante, empecé desde el Libro de Génesis y leí esos versículos muy despacio, libro tras libro, hasta haber acabado con el Nuevo Testamento.

A las 11:15 p.m. cerré mi Biblia, apagué la luz, y dije, "Me voy a acostar aquí durante una hora y meditaré en estas Escrituras".

El Dr. Roy Hicks señala que uno de los significados de la palabra "meditar" en el Antiguo Testmento es "murmurar". Esto fue lo que hice. Allí durante la noche, en la cama, murmuré estas Escrituras.

A las 12:15 me dije a mí mismo, "Voy a dormir durante una hora, después me voy a despertar y meditaré en estas Escrituras durante una hora; luego dormiré una hora y meditaré otra hasta el amanecer". Y lo hice. El Espíritu Santo mora en nuestro espíritu. Nuestro cuerpo necesita descanso y sueño, pero no nuestro espíritu. Dentro de mí, tengo un reloj despertador. Simplemente le dije a mi espíritu, "Voy a dormir por una hora", al cabo de la cual mi espíritu me despertó. Luego medité en esas Escrituras acerca de la sanidad durante una hora.

Lo que necesitaba en aquel momento era sanidad para mi hija, por lo tanto no valía la pena el meditar en nada más. El pensar acerca de Escrituras que prometieran prosperidad financiera no me hubiera servido de nada, ya que no era lo que necesitaba en aquella ocasión.

Hice lo mismo durante toda la noche, al igual que la noche siguiente. Después de las noticias, cogí mi Biblia y leí a lo largo de ella las Escrituras concernientes a la sanidad divina, lentamente, meditando una hora, durmiendo otra, meditando una hora, durmiendo otra, hasta la mañana siguiente.

Entonces en la tarde del jueves escribí a mi esposa diciendo, "En la carta que me escribiste el lunes me decías que Patricia quería saber qué decirle a la enfermera".

(No le dije lo que le tenía que decir a la enfermera. Como he explicado, había tomado la Palabra de Dios y había edificado mi espíritu con ella. Ahora no reaccionaba de acuerdo con lo que mi mente me dictaba acerca del asunto.)

Le escribí, "Le dices a Patricia que Papá ha dicho que ella está sana; y que sé en mi corazón que lo está, del mismo modo que sé en mi cabeza que dos y dos son cuatro y tres por tres son nueve. Y eso fue todo lo que escribí al respecto.

(Es necesario que sepamos la Palabra de Dios en nuestro espíritu — esa es la fe genuina — tal y como sabemos otras cosas en nuestras mentes.)

Mi esposa me contó más tarde, que al recibir la carta, la leyó y luego la apartó a un lado hasta que Patricia volviera de la Escuela. Patricia estaba jugando afuera con sus muñecas cuando mi esposa se acordó de la carta y la llamó. "Patricia, hemos recibido carta de Papá y esto es lo que dice: Le dices a Patricia que Papá ha dicho que ella está sana, y que sé en mi corazón que lo está, del mismo modo como sé en mi cabeza que dos y dos son cuatro, y tres por tres son nueve".

Mi esposa me dijo que Patricia se paró un momento como si estuviera meditando en ello, y luego dijo, "Si Papá lo dice así, así es". Entonces dando saltos se volvió a jugar afuera.

Al llegar el lunes, el quiste había desaparecido, no existía mas. No tuvo necesidad de decirle nada a la enfermera, y yo no tuve que contestar su pregunta.

Tome la Palabra de Dios – la medicina de Dios – y edifíquela en su espíritu, en su corazón.

Una esposa podría saber cocinar. Podría sentarse a una mesa vacía y explicarle a su esposo todos los detalles acerca de una receta deliciosa, cada ingrediente y cómo prepararla; pero el mero hecho de tener la información no pondrá comida en el estómago de su esposa, ni en el de ella.

Uno tiene que cocinar el plato que sabe preparar, y luego tiene que comérselo. Incluso por el hecho de estar preparado y en la mesa, el hablar del plato no hará ningún provecho.

Así es con la Biblia. La tenemos y hablamos de ella. Discutimos las Escrituras, y las citamos, pero no llegan a ser parte de nosotros. No llegan a nuestro espíritu como deberían; ésta es la razón por la cual no opera resultado en nosotros.

Para mantener su fe firme y fuerte, debe continuar alimentándola. Aliméntese constantemente para fortalecer su fe. A menudo comparto con la gente que por el hecho de haber comido un bistec de carne, eso no significa que podemos decir, "Ya sé que sabor tiene. He probado uno, así que no comeré otro el resto de mi vida". No. Comeré uno cada vez que me sea posible. El alimento y el ejercicio continuo del cuerpo nos mantiene fuertes; asímismo, el alimento continuo del espíritu nos mantiene fuertes espiritualmente hablando.

Aprendí algo de P. C. Nelson hace muchos años. El dijo, "Aliméntese constantemente con respecto a la fe y a la sanidad. Constantemente — con cualquier otra cosa que lea".

Cada día, como costumbre, no importa acerca de qué esté leyendo, siempre leo algo sobre la fe y la sanidad. Me alimento constantemente acerca de esos dos temas.

Puede que alguien diga, "Voy a creer que eso funcionará en mi pues funcionó en el hermano Hagin, así que lo hará en mí". Pero, si no hacen lo mismo que yo hice, no les servirá de nada, ya que su fe no está siendo alimentada. Jesús dijo, "De acuerdo con tu fe, te sea hecho".

Como dijo el señor Nelson, "El día llegará en que necesitará fe, quizás para Ud. mismo, o

para algún miembro de su familia, y si no ha
mantenido su fe firme y fuerte, será para su
desventaja".

*Tome la Palabra de Dios – la medicina de
Dios – edifique su espíritu con ella.*

Capítulo 4

MEDICINA PARA LA MEDITACION

La Sanidad . . . en la redención

**"Ciertamente llevó El nuestras enfermedades,
y sufrió nuestros dolores,
y nosotros le tuvimos por azotado,
por herido de Dios y abatido.
Mas El herido fue por nuestras rebeliones,
molido por nuestros pecados;
el castigo de nuestra paz fue sobre El,
y por su llaga fuimos nosotros curados"
ISAIAS 53:4-5.**

**". . . Y sanó a todos los enfermos;
para que se cumpliese lo dicho por el profeta
Isaías, cuando dijo:
El mismo tomó nuestras enfermedades,
y llevó nuestras dolencias"
MATEO 8:16-17**

"Quien llevó El mismo nuestros pecados
en su cuerpo sobre el madero,
para que nosotros, estando muertos a los
    pecados,
vivamos a la justicia;
y por cuya herida fuisteis sanados"
I PEDRO 2:24.

"Cristo nos redimió
de la maldición de la ley,
hecho por nosotros maldición (porque está
    escrito:
Maldito todo el que es colgado de un madero)"
GALATAS 3:13.

De acuerdo con Deuteronomio 28:15-22, 27-29, 35-61 toda enfermedad y dolencia es una maldición de la ley. ¡Mas, gloria a Dios, de acuerdo con Gálatas 3:13, Cristo nos ha redimido de la maldición de la ley!

La Sanidad . . . la voluntad del Padre

". . . Porque yo soy el Señor tu sanador"
EXODO 15:26.

"Mas al Señor Dios serviréis, y él bendicirá tu
    pan y tus aguas;
y yo quitaré toda enfermedad de en medio de ti.

No habrá mujer que aborte,
no estéril en tu tierra;
y yo completaré el número de tus días"
EXODO 23:25-26.

"Porque los ojos del Señor
contemplan toda la tierra,
para mostrar su poder a favor de los
que tienen corazón perfecto para con El . . ."
II CRONICAS 16:9.

"No te sobrevendrá mal,
ni plaga tocará su morada.
. . . lo saciaré de larga vida
y le mostraré mi salvación"
SALMOS 91:10,16.

"Bendice, alma mía, al Señor,
Y no olvides ninguno de sus beneficios.
El es quien perdona todas tus iniquidades,
El que sana todas tus dolecias"
SALMOS 103:2-3.

"Envió su palabra, y los sanó,
y los libró de su ruina"
SALMOS 107:20.

"Así será mi palabra que sale de mi boca,
no volverá a mí vacía,
sino que hará lo que yo quiero,

y será prosperada en aquello
para que la envié"
ISAIAS 55:11.

"Pues si vosotros, siendo malos,
sabéis dar buenas dádivas a vuestros hijos,
¿cuánto más vuestro Padre que está en los
    cielos
dará buenas cosas a los que le piden"
MATEO 7:11.

"Toda buena dádiva y todo don perfecto
desciende de lo alto,
del Padre de las luces . . ."
SANTIAGO 1:17.

"Y he aquí vino un leproso
y se postró ante él, diciendo:
Señor, si quieres, puedes limpiarme.
Jesús extendió la mano y le tocó,
diciendo: Quiero; se limpio.
(Y al instante la lepra desapareció)"
MATEO 8:2-3.

Jesús dijo de sí mismo, "Porque he descen-
dido del cielo, no para hacer mi voluntad, sino
la voluntad del que me envió" (Juan 6:38). Todo
lo que Jesús hizo en la tierra era la voluntad del
Padre. El era la voluntad de Dios en acción. Si

quiere saber la voluntad de Dios, mire a Jesús.

La Sanidad . . . la obra de Jesús

"Como Dios ungió con el Espíritu Santo
y con poder a Jesús de Nazaret,
y como éste anduvo haciendo bienes
y sanando a todos los oprimidos por el
   diablo . ."
HECHOS 10:38.

Un hecho debe estar claro en su mente:
Cristo es el Sanador, Satanás es el opresor.

"El ladrón no viene sino para
hurtar y matar y destruir;
yo he venido para que tengan vida,
y para que la tengan en abundancia"
JUAN 10:10.

"Recorría Jesús todas las ciudades,
y aldeas,
enseñando . . . y predicando . . . y sanando
toda enfermedad y toda dolencia en el pueblo"
MATEO 9:35.

"Y se le acercó mucha gente
que traía consigo a cojos, ciegos,
mudos, mancos, y otros muchos enfermos;

y los pusieron a los pies de Jesús,
y los sanó;
de manera que la multitud se maravillaba,
viendo a los mudos hablar,
a los mancos sanados, a los cojos andar,
y a los ciegos ver;
y glorificaban al Dios de Israel"
MATEO 15:30-31.

"Jesucristo es el mismo ayer, y hoy,
y por los siglos"
HEBREOS 13:8.

La Sanidad . . . el ministerio de la Iglesia

"De cierto, de cierto os digo:
El que en mí cree, las obras que yo hago,
él las hará también; y aun mayores hará,
porque yo voy al Padre"
JUAN 14:12.

"Y les dijo: Id por todo el mundo
y predicad el evangelio a toda criatura . . .
y estas señales seguirán a los que creen:
En mi Nombre echarán fuera demonios . .
sobre los enfermos pondrán sus manos,
y sanarán"
MARCOS 16:15,17-18.

"¿Está alguno entre vosotros enfermo?

llame a los ancianos de la iglesia,
y oren por él,
ungiéndole con aceite en el nombre del Señor.
Y la oración de fe sanará al enfermo,
y el Señor lo levantará;
y si hubiere cometido pecados,le serán
  perdonados"
SANTIAGO 5:14-15.

"Amado, yo deseo que tú seas prosperado
en todas las cosas,
y que tengas salud,
así como prospera tu alma"
3 JUAN 2

*La Sanidad . . . Dios obrando desde nuestro
interior*

"Hijitos, vosotros sois de Dios,
y los habéis vencido;
porque mayor es el que está en vosotros,
que el que está en el mundo"
I JUAN 4:4.

. . . fe para sanidad

"Porque de cierto os digo
que cualquiera que dijere a este monte;
Quítate y échate en el mar,

y no dudare en su corazón,
sino creyere que será hecho lo que dice,
lo que diga le será hecho"
MARCOS 11:23.

. . . oración de fe

"Por tanto, os digo
que todo lo que pidiereis orando,
creed que lo recibiréis,
y os vendrá"
MARCOS 11:24.